智元微库
OPEN MIND

成 长 也 是 一 种 美 好

孩子，
我知道
你在想什么

[日] T老师 著 甘茜 译

子どもに伝わるスゴ技大全
カリスマ保育士てぃ先生の子育てで困ったら、これやってみ!

人民邮电出版社

北京

图书在版编目（CIP）数据

孩子，我知道你在想什么 / [日] T 老师著；甘茜译
. -- 北京：人民邮电出版社，2022.11
ISBN 978-7-115-59941-4

Ⅰ. ①孩… Ⅱ. ①T… ②甘… Ⅲ. ①家庭教育 Ⅳ.
① G78

中国版本图书馆 CIP 数据核字（2022）第 160074 号

◆ 著　　　　[日] T 老师
　　译　　　　甘　茜
　　责任编辑　张渝涓
　　责任印制　周昇亮
◆ 人民邮电出版社出版发行　　　北京市丰台区成寿寺路 11 号
　　邮编 100164　　电子邮件 315@ptpress.com.cn
　　网址 https://www.ptpress.com.cn
　　临西县阅读时光印刷有限公司印刷
◆ 开本：880×1230　1/32
　　印张：6.75　　　　　　　　　　2022 年 11 月第 1 版
　　字数：150 千字　　　　　　　　2022 年 11 月河北第 1 次印刷
　　　　著作权合同登记号　　图字：01-2022-2191 号

定　价：69.80 元
读者服务热线：（010）81055522　印装质量热线：（010）81055316
反盗版热线：（010）81055315
广告经营许可证：京东市监广登字 20170147 号

育儿遇到困扰时，
按照超级保育员 T 老师教的方法试一试！

3

5

别再动不动就催促"快点"了，希望将快乐传递给所有的父母和孩子

大家好，我是 T 老师。我已经做了十多年的幼儿园老师。想起 8 年前，我刚拥有自己的社交账号，那时网络上关于"育儿""父母""孩子"一类的话题，关键词基本上都是"幼儿园难入园""费用高"等消极词汇。

每当看到这类信息出现，我心里总忍不住犯嘀咕："这样下去，日本的家长们会不会认为小孩子很烦人，不想再生孩子了……"一开始，我做视频纯粹是为了传播一些育儿乐趣，所以我把每天在幼儿园与孩子们快乐相处的片段发了出来。

突然有一天，我无心地发了一些"遇上这种状况，可以试试这样做"的育儿指导。这些场景其实是我在做幼儿园老师时司空见惯的，可出乎意料的是，这些经验之谈居然得到了很多家长的热烈回应，他们表示："啊，竟然要这样做，以前完全不知道该怎么办才好！"

当了解到**"那些对于幼儿园老师来说司空见惯的常识，大多数父母却一无所知"**的时候，我开始发布更多关于工作中积累的育儿经验的视频。

现在，我的粉丝数超过 50 万，还经常在日本各地举办讲座。这些都让我真切地认识到，很多家长在养育孩子的过程中遇到了很多的困扰。

本书算是一本能为家长排忧解难的育儿指导手册，其中有各种照看孩子的小技巧，还有身为幼儿园老师的我在与孩子们相处的过程中亲测有效的一些方法以及我在社交媒体上分享的经验的总结。书里没有特别标注"几岁适用"，如果你"感觉对自己的孩子有效"，就请不断尝试使用吧！

本书介绍的经验和知识有一个共通点，那就是 **"让孩子自动自发"**。

比如，当孩子不能集中注意力听大人讲故事时，我们经常习惯性地说："不好好听故事可不行哦！"可是仔细想想，我们循循善诱地劝说，孩子就一定会把注意力转回来吗？答案是"不一定"。其实，如果故事本身很有趣，即使不动员孩子，他们也会兴致勃勃地听。

同样，如果想让孩子做些什么，家长只需要动动脑筋，**让他们自发地感觉做这些事"太好玩了"**，那么一切便水到渠成了。

对于我所传授的这些育儿技巧，家长们在践行后普遍都表示非常认可。比如，当家长为"早上孩子不愿意出门"苦恼时，我会建议他们，试着和孩子一起玩"家用检票口"

的游戏；当孩子"不肯好好吃饭"时，家长可以一边给孩子看手机里的小兔子照片，一边问"小兔子会乖乖地吃饭吗"。通常，孩子看到照片后，都会很配合地把不喜欢的胡萝卜吃掉。

很多家长一定会在心里想：啊？每天都需要这样育儿，也太麻烦了吧。当然不用每次都这么做，只要在自己觉得空闲时试试就足够了。其实，这些技巧虽然听起来很麻烦，很耗时，但做起来反而会更节省时间，孩子会乖乖地听话，自觉自愿地行动起来。

确实，育儿过程中少不了让家长觉得头疼的事，因此，能**排忧解难的工具箱里的内容当然越多越好。**当家长们感到束手无策时，如果能想起"T 老师说的方法"，打开"T 老师的工具箱"，照葫芦画瓢般用起来，对我来说就是莫大的荣幸了。

我现在有一个梦想，那就是 ——照看那些不在我身边的孩子们。若家长们实践我分享的经验，那么即使我不能直接参与孩子的养育过程，也间接实现了我的做到"T老师就是我们孩子的老师"这样的愿望。

我这般强烈的"愿望"促成了这本书的诞生。在此拜托大家，希望大家偶尔能想起 T 老师的话，快乐地与孩子共同成长！

目　录

第 2 章　为孩子收拾玩具感到头疼时，请试一下

第 3 章　为孩子吃饭头疼时，请试一下

第 5 章 为管教孩子发愁时，请试一下

第 6 章 为孩子玩游戏、交朋友发愁时，请试一下

第 8 章　为如何批评、表扬孩子发愁时,请试一下

第 9 章　孩子的身心发育

第 10 章　讲给爸爸妈妈的话

第 **1** 章

快点出门

为什么
穿不好袜子

为什么
穿不好鞋子

为孩子
出门磨蹭
头疼时，
请试一下

把你的鞋子
摆放整齐

为什么
不能自己穿衣服

独立完成
出门前的准备

第2章

第3章

第4章

第5章

第6章

第7章

第8章

第9章

第10章

1 快点出门

在门口掏出乘车卡
"滴滴"通过检票口

一位儿子（3 岁）喜欢地铁的宝妈向我抱怨"孩子早上很难带出门"，我建议她"把车站检票口的乘车卡扫卡器画在纸上，贴到自家大门上，然后再做一张乘车卡试试"。当时她一脸苦笑，可是第二天早上，她满脸带笑地向我反馈：

"丁老师！太好笑了，没想到我儿子很快就出门了！"

让孩子保持玩耍的心态很重要！

　　虽然让孩子穿好袜子有各种各样的技巧，但其中最有效且不为人所知的是**"让孩子有意识地动动脚趾"**。家长最好以玩游戏的方式，一边点触孩子的脚趾，一边引导他们"宝宝的这个脚趾能动一下吗"。通常，孩子之所以不能顺利穿好袜子，是因为脚趾被袜子缠住了。

迅速穿好鞋子的 3 个要点

第1章

第2章

第3章

第4章

第5章

第6章

第7章

第8章

第9章

第10章

穿好鞋子的 3 个要点如下。

第一点，最好选**鞋后跟部分有环状鞋提的鞋子。**这点很重要！因为对孩子来说，最难完成的是把脚后跟放进鞋子这一步。

最好选择开口宽的款式。

第二点，提供可以**坐下来穿鞋子的鞋凳。**

即使对成年人而言，坐在地上穿鞋子也并非易事。

第三点，**家长以超慢速的动作进行穿鞋演示。**

示范给孩子看很重要！

固定好放鞋子的地方，并贴上标签

当孩子在门口脱鞋时，家长通常会说"把鞋子摆放整齐"。其实对孩子来说，放不好鞋子的最大原因是他们不知道鞋子究竟应该放在哪个位置。因此，如果父母能**在固定位置贴上醒目的标签**，让孩子能用视觉确认"鞋子放在这里就对了"，把鞋子摆放整齐一下子就会变得轻而易举。这超级简单，请一定要试一下！

5 为什么不能 自己穿衣服

只需家长调整一下站立的位置，孩子轻而易举学会穿衣服

在帮助孩子穿衣服时，家长只需稍微花点心思调整一下，就能让孩子轻松完成独自穿衣服的全过程。那就是，**站在孩子身后帮助他们**。对，就是这么简单。

不是从正面帮助，而是站在孩子的身后。跟随孩子穿衣服的动作，帮助并引导他找到感觉，迅速掌握穿衣技巧。请一定要试一下！

如果孩子不肯穿衣服，你可以提前准备两三件衣服让他们自主选择 **"穿哪件"**。"让孩子自主选择衣服"不仅会使他们更愿意"穿衣服"，还会激发他们想要自己穿衣服的跃跃欲试的心情，从而促使孩子更具行动力，穿好衣服后他们也更容易觉得成就感十足。

7 拜托你了，快点换衣服出门吧 先帮妈妈选衣服吧

怎么说孩子都不肯换衣服的时候，真让家长头疼！这种情况下，家长可以让他们帮忙选衣服。注意，这里**选择的不是孩子自己的衣服，而是大人的。**例如，可以问他们："妈妈穿哪件衣服好呢？"孩子一定会毫不犹豫地帮你选择。然后家长可以说：**"接下来轮到选××小朋友的衣服了！"**趁热打铁，让他们把高涨的行动力也用在自己身上。

大人也一起换衣服

第2章
第3章
第4章
第5章
第6章
第7章
第8章
第9章
第10章

8 怎么都穿不好衣服…… 用"秘密武器"进行训练

这里要为大家介绍一个**"秘密武器"——发圈。**在和孩子玩耍时，可以用发圈练习穿衣服时衣服穿过袖子的手腕动作，或者是穿袜子时的脚腕动作。妈妈们一定很熟悉发圈，它在整理头发时经常被用到。形状像甜甜圈，中间有孔的发圈，可以穿过孩子的手腕和脚腕，这是穿衣服时必须做的动作。发圈练习在幼儿园里也广受好评。不过，妈妈们在选择发圈的时候，一定要注意孔的大小。请一定要试一下！

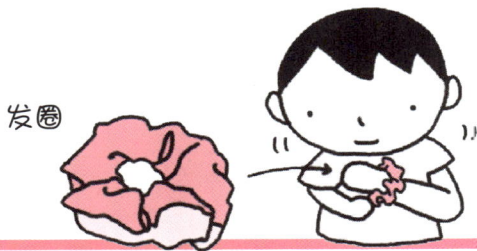

发圈

仔细观察一下，孩子可能很认真地
在做准备。多给孩子一些准备时间

有些孩子需要花很长时间才能做好出门准备。站在大人的角度，对"为什么会这么慢"会百思不得其解，往往容易不耐烦。可是，请好好观察孩子：他们也许正努力把鞋扣上的魔术贴完美地粘合在一起；或者非常认真地想把袜子穿好。**他们并不是慢，而是太认真了！** 所以，家长可以试着早点让孩子开始做出门准备，给他们更充分的时间。

很认真地

第 1 章

10

独立完成
出门前的准备

**大人像在进行实况转播一样念念有词，
孩子也会不由自主地跟着模仿**

这是幼儿园老师经常使用的方法，当我想让孩子跟我一起做准备的时候，我会像**电视台的实况转播一样口述我的动作**："哦，开始啦！老师正在做出门散步的准备哦！现在正在把毛巾放进背包里，大家也都放好了吗？"这时候如果**确认一下孩子的举动**，会感觉非常有趣，他们也都在麻利地跟着做呢！请一定要试一下！

把玩具收起来

怎么收拾
得这么慢

为孩子
收拾玩具
感到头疼时，
请试一下

拿出太多的玩具

别再玩了

该吃饭了，
应该先把玩具收好

答应收拾却没有
任何一点行动

1 把玩具收起来 清楚说出孩子已经收拾好的玩具的具体数量，他们就会收拾得越来越快

抱怨"孩子不把玩具收拾好"，虽然可以让他和你一起收拾，可如果使用下面这个方法，更容易让孩子自觉收拾玩具。那就是——**清楚地说出已经收拾的玩具的具体数量**。诸如说"妈妈收拾好一个了""哇！宝宝居然收拾好三个了！太棒了"。这会激发孩子的积极性，收拾的速度也会越来越快。请一定要试一下！

当告诉孩子"**一次收拾一个**"时，孩子的收拾速度会快得让人难以置信。如果对孩子说"全部整理好"，他们会认为"收拾的时间太长了"，感觉很麻烦。如果我们分开说，比如"先把小火车放进盒子里"，"好！接下来把图画书收起来"。这样，收拾的总时间被拆分成**"收拾小火车的时间"**和**"收拾图画书的时间"**，孩子的行动力反而提高了。请一定要试一下！

3 怎么收拾得
这么慢　　**用玩具箱接力赛培养孩子的责任感**

当孩子收拾物品的动作慢腾腾时，**建议大家试试"玩具箱接力赛"** 这一方法。别指望说"一起收拾吧"孩子就会开始收拾。他们很难对收拾东西产生兴趣，但如果是由孩子负责搬运玩具，大人负责放进玩具箱，这时只需要喊一声，"快把玩具拿过来"，十分有趣的情况就会发生，孩子立刻会干得热火朝天。中途互换一下双方负责的工作也是不错的选择哦！

用"玩具箱接力赛"的方法收拾玩具

4 拿出
太多的玩具

选择并收拾需要的玩具，
而非不需要的玩具

当我们想让孩子收拾多余的玩具时，应该强调 **"只拿觉得好玩的"** 或 **"只留下正在玩的、喜欢的"** 玩具，而不是要求他们收拾那些"不要"或"没在玩"的玩具。这样做你会发现，他们很快就会把玩具收拾干净。对孩子使用积极的语言效果更好。

希望孩子收拾玩具时，
要先对他们的乐趣感同身受

如果家长希望孩子把手上的玩具收拾好，而他们不听话还要继续玩，这时不要一味地说"不要玩了，把玩具赶紧收拾好""快点整理""只许再玩几分钟哦"，而要首先认可并共情他们玩得不亦乐乎的感受"感觉这个玩起来**很有趣**"，然后询问孩子"**还想玩多久**"。通常，这时候孩子反而会主动让步，听话地收拾玩具。

第1章

第2章

第3章

第4章

第5章

第6章

第7章

第8章

第9章

第10章

6 玩得太专心了　　至关重要的是给孩子提供之后
　　　　　　　　　还可以玩的安全感

　　当孩子聚精会神地玩耍时，家长应尽可能不打扰孩子。
这样更有助于提高专注力，培养坚持到底、最终完成任务的
能力。如果碰到特殊情况，不得不让孩子暂停玩耍，可以提
出之后还可以玩这一解决方案，让他们安心。比如对他们说
"**过一会儿再继续玩**""**先这样放着，一会儿再玩**"。

　　对于想要孩子做的事情，家长最好能带着他们一起
练习。 例如，"一到吃饭的时候，就应该先把玩具收拾好"。
大人很容易根据时间点形成习惯，可对孩子来说这绝非易事。
因此，应该对孩子说"吃饭时间到了，让我们一起练习该怎
么做"。你会发现，即使只是陪孩子收拾一小块积木，他们
将来的行为也会发生极大转变。

第1章

第2章

第3章

第4章

第5章

第6章

第7章

第8章

第9章

第10章

8 快点收拾　以孩子为主角讲故事

　　遇到孩子不愿意收拾玩具的时候，可以立刻切换为电视剧模式。家长可以以轻松愉快的口吻娓娓道来："**很久很久以前，在某个地方有一位小朋友。**他一直玩，后来不想再玩了，就开始收拾玩具。他先收拾好蜡笔，然后开始整理积木。"这时家长会发现，孩子会不由自主地跟随你的故事，自然而然地和故事中的主人公做出相同行为！

　　我还想向家长推荐**现场演唱会这一方法**。不用太在意歌曲的旋律，只需要唱"××**小朋友正在收拾东西，非常棒!** 速度比火车还要快"，像这样把希望孩子做的事情编入临时创作的歌词，孩子就会感到开心，主动要求"再像那样唱歌吧"。请一定要试一下!

10 答应收拾却没有任何一点行动 把"希望孩子做的事情"和"理由"分开说

孩子的语言处理能力并没有成年人想象得那么高。类似**"如果不赶紧收拾**（希望孩子做的事情），**就会赶不上电车**（理由）"这样的话，家长听起来觉得浅显易懂，实际上对孩子来说信息量太大了，他们是因为完全不知道该如何行动，才没有付诸行动。因此，如果家长能把**"希望孩子做的事情"**和**"理由"**分开说，孩子做事的速度会快得令人吃惊。

第 **3** 章

快点吃饭

不要挑食

也要吃蔬菜

为孩子
吃饭头疼时，
请试一下

怎么不吃了

再吃一口吧

吃饭时尽量
不要发出声音

让孩子集中注意力吃饭的秘密武器
——智能手机

遇到"孩子不能好好吃饭"的时候，可以活用**智能手机里的自拍软件。** 在自拍软件里，家长可以给孩子的照片增添可爱的小耳朵或獠牙，让孩子拥有小动物的一些特征，同时再配上**"你变成小兔子吃胡萝卜啦""你变成一头爱吃肉的大狮子啦"** 等语言。很多幼儿园老师反馈，这样做对促进孩子开心吃饭的效果非常显著。偶尔试试，是一个不错的选择。

第1章

第2章

第3章

第4章

第5章

第6章

第7章

第8章

第9章

第10章

　　对孩子说"开饭啦"后，如果他们不积极响应，这时家长可以随便拿张纸，把今天的菜名写在上面，并对他们说**"这是餐票，把它交给我，才能领到今天的食物"**。这时你会惊奇地发现，孩子会开心地坐回椅子上，等着取票领餐。为孩子不肯吃饭发愁的时候，请一定试试看！

"这就是传说中神奇的 ××"，帮助孩子克服"胡萝卜恐惧症"

第1章

第2章

第3章

第4章

第5章

第6章

第7章

第8章

第9章

第10章

在我担任 4 岁儿童班（中班）班主任的时候，班上差不多有一半的孩子"讨厌吃胡萝卜"，家长们希望老师能帮助这些孩子克服这个问题。于是，幼儿园的营养师对孩子们说："**我得到了传说中的'神奇胡萝卜'。**"并兴致勃勃地和孩子们一起观察带着新鲜泥土的胡萝卜。吃饭的时候，孩子们问老师："这就是刚才看到的传说中的'神奇胡萝卜'吗？"并争先恐后地问："我的呢？"那天所有的孩子都**吃光了胡萝卜。传说和观察的效果确实非同凡响！**

传说中的"神奇胡萝卜"

孩子爱上吃胡萝卜了

4 也要吃蔬菜

只需改变上菜的顺序，蔬菜也会变得美味

　　我经常听说，如果像餐厅提供开胃菜一样，让孩子"先吃蔬菜沙拉"，他们慢慢就会习惯吃蔬菜。或许饥饿才是最好的调味料。关键并不在于让孩子感觉"如果不吃蔬菜沙拉，就不能吃之后的美食"，而在于让孩子自然而然地习惯吃完蔬菜沙拉才会有美食。重点是让他们感觉就像在餐厅就餐，而老师像店员一样对他们说："**蔬菜沙拉，请慢用!**"这种方法简单易行，请一定试一试。

吃之前让孩子感受食材的魅力，培养他们渴望品尝的积极心态

想让孩子挑战吃不爱吃的食物时，我们经常会说"试试只尝一口"。这种处理方式也许会有一定效果，但更重要的应该是想办法培养他们**对食材本身产生强烈兴趣**。比如很多孩子都不爱吃胡萝卜，家长在烹饪前，可以让孩子对生的胡萝卜进行**观察、触摸，闻闻胡萝卜的味道**。多做此类举动，孩子对不感兴趣的食物的态度有可能发生巨大的转变。

尝试玩一下"试吃会"游戏，不经意间食物就会被一扫而光

　　如果孩子吃饭速度慢或不想吃饭，家长可以尝试和他玩一下"试吃会"游戏。很多孩子对品尝超市里的试吃食品兴致勃勃。家长可以试着把食物分成平常四分之一或六分之一的大小，摆放在盘子里，并且模仿**试吃柜台的店员**，问孩子："**请随便品尝，想吃一块吗？好吃可以再吃一块。**"孩子会争先恐后抢着品尝，不经意间食物就会被一扫而光。

当孩子不肯继续吃饭时，不要一味催促或责骂孩子，可以尝试将碗里剩余的米饭"**捏成饭团**"或把饭菜一分为二，并对孩子说，"**变成小份了**"。这些举动容易让孩子感到轻松愉快，加快他们吃饭的速度。实在无计可施的时候，试着在客厅的地上铺一张垫子，模拟户外用餐的氛围，这会让孩子开心得跳起来。不过这一方法也可能带来新麻烦：孩子因太过开心而停不下来，并周而复始、乐此不疲。

哇！

再吃一口吧　　　至关重要的是让孩子愉快地用餐

　　家长对孩子说"再吃一口吧"这句话轻而易举，**但对孩子来说，"再吃一口"自己不喜欢的东西，并非易事。** 他们会觉得委屈，自己明明已经吃了好几口，为什么还要再吃一口。认真思考一下，这种"再吃一口吧"到底是为了孩子好，还是只为了满足家长自己的心理需求？我认为，在孩子的饮食方面，最重要的是让他们乐在其中。

　　如果因担心孩子吃饭时发出吧唧吧唧的声音，而要求他们"吃饭时闭着嘴巴咀嚼"，那么在提醒孩子注意前，先要**检查并确认他们的鼻子是否堵塞**。有时候，孩子的口腔肌肉还没有完全发育也是他们吃东西时发出声音的原因之一。想引导孩子可以说，"今天的菜，吃起来会发出什么样的声音呢？是咯吱咯吱吗？闭上嘴巴能听得很清楚哦"这类话。

第 **4** 章

起床啦

快点起床

为孩子起床、睡觉发愁时，请试一下

起床气

快睡觉

怎么拍都不入睡

玩累了也不睡

告诉早上赖床的孩子，
只要他起床，"×× 会很高兴"

第1章

第2章

第3章

第4章

第5章

第6章

第7章

第8章

第9章

第10章

当家长向孩子强调早睡早起是"为了自己好"时，其实孩子很难理解这种深奥的道理，他们最喜欢听的是"乖乖起床，×× 会很高兴"。应该对有"起床困难症"的孩子说"**起床后可以一起吃饭，妈妈真高兴**"，而不是"你不起床，就吃不了饭"。仅是换一种说法，效果就会截然不同，孩子也会发生很大变化。

玩"午睡后起床，火车就要出发啦"的游戏

很多孩子一旦熟睡，就很难再起床，这时即使对着他们大吼"快点起床"，也肯定收效甚微。这种情况下，托儿所午睡时经常使用且非常有效的方法，是玩火车游戏。到了起床的时间，老师们会大喊"开往 ×× 的火车马上就要出发了"，可以把**火车游戏的目的地设定为房间、厕所等**。那些睡眼惺忪的孩子一个一个紧张地爬起来排长队的样子简直可爱极了。火车游戏也深受家长们的欢迎，他们积极反馈"在家也很好用"，请一定试一下！

第1章
第2章
第3章
第4章
第5章
第6章
第7章
第8章
第9章
第10章

告诉孩子，起床后会有"一件有趣的事情"等着他们，问题自然迎刃而解

　　午睡前，老师给每个孩子准备一封简单的**"一句话的信"**，并且一边说"起床后一起看一下，看看老师写的是什么？好期待"，一边把信分发给孩子。午睡后，孩子会兴高采烈地爬起来，争着说"读一下老师写给我的信吧"。

　　如果想让睡意蒙胧的孩子变得精神抖擞，强烈推荐使用这一方法。

吃橘子吧

一句话的信

配合呼吸节奏陪孩子入睡

"孩子很快就睡着了，让我大吃一惊"——下面介绍两种深受父母好评的哄孩子睡觉的方法。这两种方法使用起来很简单，一点都不麻烦。那就是"**配合自己的呼吸节奏陪孩子入睡**"或"**故意加重自己的呼吸声，让孩子模仿**"。就这么简单，使用时记得陪孩子一起睡。当然，因存在个体差异，效果可能因人而异，但这两种方法非常值得一试。

　　有些孩子即使在公园里跑来跑去，累得筋疲力尽，上了床也绝对不会马上睡着。这样的孩子反而在**玩动脑筋的游戏时会快速入睡**。比如，可以让他们玩拼图；可以拿出一些颜色不同的玩具，让他们找出"哪个是红色的"。对于稍大一点的孩子，可以依据家长拿东西时的表情，让他们判断"哪个比较重"。这些方法非常有效。

第 **5** 章

不要在
房间内乱跑

快去洗手

不愿意刷牙

为管教孩子
发愁时，
请试一下

说话小点声

做遵守秩序
的好孩子

不能撒谎

每天发一张券，凭一张券可使用手机 15分钟。"凭券使用手机"的方法真不错

"凭券使用手机"的方法，感觉效果很不错！ 很多家庭都对孩子玩手机感到烦恼，在提议实行"凭券使用手机"后，大多数家长反馈说效果不错。这一方法的关键在于制订明确的使用规则，不是"完全不许玩"，而是"没有券就不能玩"，这样更容易说服孩子约束自己。可以一天发一张券，一张券最多使用15分钟，试试看吧！

15分钟
使用券

洗手店开业啦

"洗手店"游戏的效果好得出奇。**"欢迎光临！洗手一次只要100日元（约合6元）"**家长只要摇身一变成为店长，让孩子假装付钱，孩子就会欢天喜地地跑到洗手池这里，付钱后一个个主动把手洗得干干净净。到哪里能找到这么大方的顾客呢！

很多孩子在托儿所里愿意洗手，在家里却不肯。"是不是因为看见托儿所里的小朋友都洗手，才乖乖照办呢？"答案并非完全如此。通常，家里的洗手池都是按照大人的身高设置的。即使放置小凳子增加孩子的高度，但站在凳子上洗手时，因为身体不稳定，很容易摇晃，孩子会觉得很害怕。**只要家长站在孩子身后让他们安心，洗手问题就会轻松解决。** 所以，陪孩子一起洗手吧。

第5章

不喜欢刷牙的孩子，很多时候是因为"**不喜欢嘴里含有异物**"才这样。所以，让孩子有空多做"**试试咬一咬牙刷**"的游戏，直到他们习惯含着牙刷为止。购买牙刷时让孩子自主选择他们喜欢的牙刷，也会起到事半功倍的效果。

吃过"海苔饭"后，
让孩子观察自己的牙齿……

在指导孩子正确刷牙时，我学到的十分有用的方法是，让孩子在练习刷牙前吃 **"海苔饭"**。然后，让孩子张大嘴巴，这样他们可以清楚地看见粘在牙齿上的海苔。漱口后，他们还可以看到从嘴里吐出来的海苔残渣，看见自己"嘴里真有海苔"。这样做的效果远远好于对他们说他们嘴里有东西，需要刷牙。让孩子自己清楚地认识到刷牙的必要性，对他们的牙齿健康至关重要。

寓教于乐："大声音的大象，
小声音的蚂蚁。"

　　对孩子大声说"保持安静"肯定不会有什么好效果。托儿所里经常使用的方法是，老师对孩子说"大声音的大象""声音小得像小蚂蚁在说话""宝宝们试试看哦"。让他们玩**"大声音""小声音"来回切换的游戏**。这样玩过后，当老师再要求孩子"现在大家要像小蚂蚁一样小声说话"时，他们就很容易轻声说话了。

当孩子无精打采、懒懒散散的时候，可以试着要求他们**"模仿一下警察叔叔的样子，让我看看像不像"**，他们会立刻开心地笔直站立，一动不动。如果女孩子托着腮帮子吃饭，可以问她们**"小公主，这道料理的味道还觉得满意吗"**，她们会立刻挺胸收腹，保持优雅的坐姿。不要小看孩子的想象力和模仿力。

公主的姿势

孩子学会走路后，**家长在为孩子的茁壮成长感到高兴的同时，也要开始着手教他们在关键时刻"停下来"**。可以陪孩子在房间里一起绕圈走，然后时不时地一边喊口令"停"，一边拉着孩子，让他停止前进，不断地重复"走—停"的过程。强烈推荐家长使用这个方法，孩子会玩得不亦乐乎。孩子到了可以穿鞋外出的年龄后，路上的重重危险也会随之而来。所以，**非常有必要让孩子练习路遇紧急情况能立刻"停下来"的方法。**

可以让孩子"原地跳跃和原地跑"

孩子会在房间里跑来跑去，除了是因为精力充沛，想活动身体，更重要的是因为房间里没有比"到处乱跑"更有趣的玩耍方式。即使家长告诫他们"别再跑了"，他们也只会短暂停下几秒。因此有必要为孩子提供合适的玩耍项目。**这里向大家推荐的是"原地跳跃和原地跑"。** 这两个项目可以降低乱跑的危险性，如果能帮孩子计数，他们会更容易获得满足感，亢奋的情绪也能更快稳定下来。

扔东西可以激发"科学"兴趣？准备好孩子可以随便扔的物品吧

其实，孩子扔东西的本意并不在于"扔"这个动作，**更多的是满足对科学的好奇心**，比如"扔出去的物品怎样划出弧线落地"或"物品掉落在一个完全超乎想象的地方"。所以，家长需要做的不是让孩子"住手"，而是为他们准备"可以随便扔的东西"和安全的场所。

孩子还不能理解"等待"的含义，反复让他们亲身体会可以轮到自己

我们经常告诉幼儿园的孩子要"排队轮流拿"，但未满 3 岁的孩子还很难"预测未来"，无法理解"轮到自己"一词的真正含义。**与其说他们等不及，不如说他们根本不知道"等待"意味着什么。** 所以，在孩子等待轮到自己的过程中，大人应该陪在孩子身边，一边陪孩子耐心等待，一边做其他的事情分散孩子的注意力，让他们反复感受最终会"轮到自己"。这是他们成长过程中非常重要的一件事。

不能撒谎

让孩子自己意识到"谎言被揭穿"，自然就不会再说谎

很多家长会对"孩子说谎"这一问题感到十分苦恼。孩子说谎的时候，最好的方法不是直接训斥他们，而是回答"哦，真是这样的吗"，**让孩子自己意识到谎言已经被揭穿。**家长应让孩子不是因为"被批评而不敢说谎"，而是**发自内心地"不想说谎"**。因为，如果孩子只是担心一说谎就会被大人识破，他们从此会陷入"更加小心"，尽量不被发现在说谎的恶性循环。

13

认真道歉

不要强迫孩子说"对不起"，
重要的是他们真的认识到做错了

如果孩子之间发生纠纷，在孩子不愿意道歉的时候，可以尝试使用家长先代为道歉的方法。让孩子说"对不起"，并不是为了令家长满意。可是很多时候，如果不以孩子道歉结束纠纷，家长常常会觉得这件事尚未圆满解决。其实，**真正重要的是真心实意地认错，而不是一定要说句对不起。**通过观察孩子的表情，我们就能够充分理解这一点。毕竟孩子说出"对不起"，也是需要鼓足勇气的。

对不起

孩子年幼时，为他们营造一个 "不会被责骂的环境"

尽管被训斥过好几次，孩子还是会爬上梯子；刚刚才说过不能乱翻抽屉，他们又故伎重演。特别是在小孩子身上，经常会发生类似的事情。这是因为年幼的孩子尚未形成"善恶观"，还不能运用"理性"正确判断事物。随着孩子的年龄渐渐增长，这些问题自然会得到解决，所以我们可以尝试放置障碍物来防止孩子再爬梯子；锁好抽屉避免它再被孩子打开等方法，积极地为孩子创造一个"不会被责骂的环境"。

第 **6** 章

为孩子
玩游戏、
交朋友
发愁时，
请试一下

假期
做什么好

碎片时间适合
玩什么游戏

把玩具借给
小朋友玩一下

寻求帮助时，
该怎么做

总是一个人玩

和小朋友
发生争执的时候

敢于分两次读完一本书

　　给孩子读图画书时，虽然大多数时候我都认为最好一次把一本书全部读完，但有时我也会对他们说"一会儿再继续读吧"。我经常在午睡前，一本书读到一半时对孩子说："起床后继续读后半部分吧，会发生什么故事呢？好期待啊！" **分两次读完一本书也是一种非常好的阅读方法**，特别是对那些注意力不能集中很长时间的孩子来说。

第6章

家长经常会为如何规划假期而感到烦恼吧？其实，**即使去平常去的散步道和公园玩，只要让孩子带着拍立得相机，他们也会很开心的！** 家长看到孩子眼中漂亮的照片，并思索他们"为什么要拍这个呀"的场景，经常会让一家人捧腹大笑。用拍立得相机拍摄的照片立刻就能成像打印，真是太神奇了！这也是一种特殊的体验。

"**不管画什么，只要在脸上画很多小点，就会显得很可爱。**"这还是我刚毕业时，从一位前辈那里学到的方法，一直到现在我都觉得很管用，感谢前辈！这个方法真的非常简单，即使是不擅长绘画的我，画出来的形象也不会显得那么呆板、单调、乏味。家长请一定试一试！

　　一般来说，最受孩子欢迎的折纸是红色、蓝色和黄色等颜色鲜艳的。相反，对于棕色和褐色的折纸，孩子会说"我不喜欢用这个颜色"，因此基本不用，也就剩下很多。这种情况下，大人可以一边说一边示范："这是一架木制飞机！""这是一个木头箱子！""这是木制的工具！"这样，那些不受孩子欢迎的折纸会立刻变得很有人气。这个方法也同样适用于蜡笔等，请试一试吧。

家长可以教孩子一些诸如打响指、吹口哨等的小技巧。虽然"学会这些也不知道今后能派上什么用场"，但在孩子的世界里，会做鬼脸远比学会做惊天动地的"大事"更让他们觉得自己了不起。而且不可思议的是，学会这些小技巧还会让孩子变得更自信。无所事事的时候请一定试一试吧！

第6章

不花钱也不花时间
就能集中注意力的游戏

家长用多个手指轮流按压孩子的背部，让他们猜猜**"在用几根手指按着呢"是一种很有趣的游戏。**根据孩子的年龄不同，还可以调整难度，问他们"现在按压着的是大拇指还是食指"也会非常有意思。还可以尝试角色互换，让孩子按压家长的背部并提出问题。这个游戏可以让孩子自然而然地集中注意力，并开始了解数字的概念。周末如果有空闲时间，请一定试一试！

推荐"打电话游戏"，让孩子可以说个不停

想让孩子更擅长表达，我推荐试试"打电话游戏"。通常，普通的亲子对话持续不了多长时间，孩子便会觉得无聊厌烦。但如果家长一边假装与孩子打电话，一边问他们"喂，是××小朋友吗""你喜欢什么颜色""最喜欢的游戏是什么"，他们就会滔滔不绝。想知道孩子"今天在托儿所做了些什么"的时候，也可以尝试玩打电话游戏。这真是一个非常方便、实用的小游戏。

　　孩子往往在亲身体验后，才能更好地学习和成长。即使在书中看过 100 次长颈鹿的图片，当他们在动物园里看到真的长颈鹿时，还是会收获崭新的、截然不同的感动。说起在家里让孩子获得真实体验的最佳途径，我推荐的是让孩子参与做饭。通过观察、触摸、闻、切、削、炒制食材等方式，让他们获得嗅觉和味觉上的极大享受。**料理食物是为数不多的孩子在家中就可以实现的充分调动五感的好办法**，可以帮助孩子成为"烹饪小助手"。

想让孩子心甘情愿地与其他小朋友分享自己的玩具，最重要的是促使他们产生共情。与其对孩子说"把玩具给小朋友也玩一下吧"或"小朋友也想玩玩你的玩具"，倒不如问问他们**"这个玩具的什么地方最吸引你呢"**，听到孩子的回复后，只需要添一句"原来如此！**你的朋友一定也很喜欢这个玩具吧**"，孩子的反应就会截然不同。让孩子能够感同身受地体会他人心情很重要。

通过亲子对话，
教会孩子如何有效地"寻求帮助"

　　有些孩子过于在意"尽量不要麻烦别人"，往往会忘记在适当的时候应该"寻求别人的帮助"。比如，明明只需要对朋友简单地说一句"一起拿一下好吗"，问题立刻就迎刃而解，可孩子往往想不起来此时应该求助。所以在日常生活中，家长要有意识地引导孩子学会如何寻求帮助，**比如说"因为大家一起做，所以才能做到""如果只靠爸爸一定完不成，谢谢宝贝"之类的话。**这样，即使是在简单的亲子互动中，也能培养孩子在必要情况下寻求他人帮助的好习惯，请一定试一试！

当孩子 3 岁左右时，会有很多家长忧心忡忡地对我说："希望孩子多和其他小朋友一起玩耍，不要总一个人玩。"其实，孩子们看起来是各自搭各自的积木，但如果事后问孩子"刚才在玩什么呢"，他们会异口同声地回答："×× 小朋友刚才和我一起搭积木了！"所以，**和家长所担心的情况不同，孩子觉得自己就是在和小朋友们一起玩耍**，家长不用过分担心，更不要着急，好好地守护他们吧。

　　孩子要到 5 岁左右，才能真正有意识地与其他小朋友一边交流，一边尽情玩耍。所以在这之前，家长不要着急，放手让他们在"独自玩耍"中自娱自乐吧。**让孩子一个人专心致志地玩耍，更能培养他们的想象力、注意力、思维能力等。**通常来说，特别会玩的孩子更具有创造力和领导力，更容易受到其他小朋友的喜爱，自然而然就能和大家打成一片。

孩子之间发生争执时，家长经常喜欢判定"谁对谁错"。比如孩子因为争夺玩具起冲突时，家长的注意力容易聚焦于"究竟是谁拿走了玩具"。但有时看起来最像是抢走了玩具的孩子，往往是正在把被抢走的玩具再夺回来。家长应该在**认真听取双方孩子陈述的基础上，给他们提出合理的建议，比如说"最好这样办吧"。**这时候，孩子也会学着互相商量着解决问题。如果最后他们仍为谁第一个玩玩具而争执不休，可以提议"妈妈先开始玩吧"，以此转移他们的注意力。

第6章

希望孩子"现在自己玩"的时候，该怎么做

　　大人想做家务或想在家办公的时候，经常会对孩子说："啊，我现在没空陪你，希望你能专心自己玩。"可偏偏在这种时刻，孩子反而会无法集中注意力，缠住大人哭闹"妈妈给我做这个""爸爸一起做吧"，让人心烦意乱、无法安宁……我上面描述的场景，相信在很多家庭中都司空见惯。

　　为什么会这样呢？因为此时家长想让孩子独自玩耍，是单方面地希望不受孩子的干扰从而专心致志地忙自己的事情。然而孩子面对突如其来的置之不理，本能地产生了应激反应，"嗯？等一等，怎么回事"，反而变得更加黏人。那么，家长究竟该怎么办呢？这时应该**和平时一样，耐心地等孩子稍微开始集中精力玩耍，再悄悄离开。**

　　那么，何时才是离开的最佳时机呢？下面，让我为大家介绍一下准确辨别这个时机的简单要点。那就是——**孩子开始"自言自语"。**

　　当孩子一边玩一边发出类似"轰隆隆"的声音（火车行驶

的声音）或说出"非常好吃哦"这种自言自语的时候，说明他们已经完全沉醉在自己的世界里。这个时刻，就是悄悄离开的最佳时机。此时还需要注意的是，家长不必特意强调要离开，告诉他们不能陪他们一起玩了，可以轻描淡写地说一句"妈妈去看一下电脑，马上就过来"之类的话。因为如果这时家长特意与孩子沟通，孩子会将注意力转回。所以此时，家长只需轻轻离开，不打扰他们。

再向大家分享一个应对这种情况的好方法——**事先准备一个只有当爸爸妈妈忙于工作或家务时才能玩的玩具或游戏。**比如，平时不玩的橡皮泥，只有爸爸妈妈忙的时候，才拿出来给孩子玩，或者是专用的迷你小汽车、贴纸书等。在忙碌的时候，家长可以对孩子说："好！现在可以把那个玩具拿出来玩啦！"这样一来，对孩子来说，爸爸妈妈因做家务和忙于工作而无法陪伴自己的"孤独时间"一下子变成了"有趣时间"。请一定试试吧！

第 **7** 章

你还要玩多久

明明
答应得好好的

为亲子沟通
苦恼时，
请试一下

好好地听我说

当心！
车来了

如何与孩子沟通

向孩子表达
爱的意义何在

1 不要蹚水

用智能手机把水洼拍下来，试试玩"一会儿再看"的游戏

通常情况下，孩子一旦开始在水洼里蹚水玩，家长不论怎么劝他们都会不肯回家，即便是说"穿这双鞋可不能蹚水"。遇到这种情形，我通常会问孩子："**唉，水洼里会不会有小鱼？**"他们这时会立刻把脚移出水洼，生怕踩到小鱼。然后我一边假装陪孩子寻找小鱼，一边用手机拍下水洼，紧接着说"咱们回家看照片，一起找找看"，孩子就会乖乖地回家。

蹚水的感觉对孩子来说确实太有趣了，也能帮孩子积累一定的生活经验，可毕竟现实中总不能每次看到水洼就蹚吧？

所以有时父母也需要灵活应对。我这一方法可是深受家长好评哦！

　　如果想让孩子立刻做什么事，**首先，请先张开双手温柔地呼唤孩子：“来妈妈（或爸爸）身边。”** 紧紧抱住他的同时，告诉他你希望他做什么。这时你会发现，原本需要吩咐孩子"赶紧做"或质问他们"为什么不做"的事情，**会因为有这样的亲密的"肌肤抚触"**，完成时间一下子大幅减少。毋庸置疑，与家长亲密接触时，家长提出的要求不用多费口舌就会被孩子接受。

"我会帮你一起做"这句话，会极大地调动孩子的自主性

想让孩子做某事的时候，与其说"请做这件事"，倒不如对他们说**"我会帮你一起做"**，这样更能让孩子自觉自愿地行动起来。举个例子，在家长想让孩子"快去收拾"的时候，应该说**"我帮你一起收拾吧"**，这种说法自然而然地**表达了"孩子才是事情的责任人"的事实**，让孩子的认知从"被强迫做"转化为"这是我的职责"。当然，既然说了这话，就一定要说到做到，至少在刚开始的时候一定要帮忙！

你要乖乖的　　**最好改用温和且具体的表达方式**

我们会经常对孩子说"你要乖乖的"这类话。其实小孩子能从中理解的信息非常模糊，这类话往往会给他们带来强大的压力，让他们**容易感到"可怕"，由此造成的结果是，孩子当场反而无所适从。**比如，如果家长对躺在地上的孩子说"乖乖的"，孩子并不会乖乖听话站起来。这时候我们应该语气温和并具体地对孩子说**"你可以站起来吗"**等话。

与其训斥孩子"要礼貌问候他人",倒不如以做游戏的方式为他们培养主动打招呼的习惯,这样见效更快。其中让我感觉特别好用的方法是,去幼儿园前家长可以建议孩子:"**今天试着小声说'早上好',不用让老师听见。**"如果孩子真的做到了小声问候老师,就好好表扬鼓励他。即使**孩子打招呼时声音很小**,也能由此**养成"上幼儿园时与老师打招呼"的好习惯**,慢慢就能用正常的音量主动问候老师了。

家长如果想让孩子做某事，在表达时句子的主语最好是"我"而不是"你"，这样更容易让他们行动起来。例如，"你要玩到什么时候？快点收拾"这句话的意愿主体是孩子，但**"因为我想把饭菜放到桌子上，所以如果你能把玩具收拾干净，我就会很开心"**这句话的意愿主体是家长。如果孩子意识到这么做能让自己最爱的爸爸妈妈高兴，就会积极主动地行动。所以，把主语改为"我"，将感受传递给孩子吧！

明明答应得好好的 **认可孩子"信守承诺"时的表现**

与孩子约法三章后，最重要的是**"认可孩子信守承诺时的表现"**而不是强调**"他们答应过什么"**。例如，孩子不小心忘了"在这里要保持安静"的约定，这时夸他们遵守约定时的表现，说"哦，你说话声音真小啊"，要比说"嘘……你又忘记答应过……"的效果好得多。

8 等一会儿吧　再加一句"好期待"，孩子就能做到耐心等待

　　想让孩子耐心等待时，家长不要孤零零地只说一句"等一会儿吧"，如果加上一句"**好期待**"，孩子一定能乖乖地等待。比如，如果家长正在做饭，可以说"好期待一起吃饭呢"；如果家长正在为户外出行做准备，可以说"很期待一起去户外呢"。所以，想让孩子耐心等待时，不妨让孩子与你产生关于"美好期待"的共鸣吧！

第1章

9 听懂了吗

正式说话前用"现在我要开始说了哦"开场，有利于提高孩子的理解力

第2章

第3章

第4章

第5章

第6章

第7章

第8章

第9章

第10章

　　家长和幼儿园老师在与孩子沟通方面存在不同，正是这个不同之处，影响了孩子倾听时的认真程度。在家里，通常父母在与孩子交谈后，会与他们确认"听明白了吗"；而在幼儿园，老师往往会在讲话前**先进行"确认"**，通常结合语言与手势：**"现在要开始说了哦。确认一下，大家做好认真听的准备了吗？"**（老师把手放在耳朵旁，做倾听状。）

10　好好听我说　　先点名后说话

对孩子来说，"听见"和"听懂"完全是两件事，有时孩子并不知道家长说的话是对他说的。所以，有时即使家长训斥孩子"好好听"也无济于事。我教大家一个简单、立竿见影的小技巧，那就是**"先点名后说话"**。只需多花点功夫，家长很容易就把"我正在和你说话呢"的讯息传达给孩子，他们会迅速集中注意力听家长说话。

看，
看那个……

最受欢迎的对付做事推三阻四的孩子的方法，是让他们自己做"选择"。比如，孩子在做出门准备时觉得"不耐烦"，如果这时家长只是一味埋怨"好了，你快点吧"，无异于火上浇油，只会适得其反。这时候家长应该有意识地让孩子自己做选择："**先穿衣服还是先上厕所，选哪一个？**"这样更容易激发孩子"自主做决定"的满足感，让解决问题变得易如反掌。

当孩子忘记做一些事情的时候，家长最好忍住先不要立刻训斥他们，而要让他们能**主动意识到**，这样他们才不会再犯相同的错误。例如，孩子忘了戴帽子，这时家长如果忍不住提醒"你忘记戴帽子了吧"，孩子可能会强词夺理"我没忘！过会儿再拿"或者找"我今天不想戴帽子"等借口。可是如果家长换一种表达方式，说"今天阳光好强哦，晒起来脑袋会发烫"，孩子就能自己意识到忘了戴帽子，很快找出帽子戴上。

13 当心！车来了 让孩子一听就能快速做出反应

4岁左右的孩子**通过听觉做出反应和判断的效果常常和通过视觉做出的一样好。**因此，如果家长发现仅说"当心！车来了"的提醒作用不大时，可以换个方式，对他们说"**能听到汽车的声音吗**"。这样往往更能让孩子停下来，也更容易让他们集中注意力。

专栏

有什么好办法是即使不说"快点"，也能让孩子自发行动起来的

"快点换衣服""快点吃"，家长常常忍不住对孩子吼叫各种"快点"。家长所说的"如果不早点出门，就不给你买那个了"，都只是吓唬小孩子的幌子。其实，家长也接受不了这样的说话方式，也会想"啊，我怎么又这样说了""这么说一定不太好"等。

我也曾经百思不得其解，归根结底，**对孩子来说并不存在什么"不快不行"的理由**。因为孩子并没有"必须在几点前做完这个，否则没有时间做那个"的意识，所以他们**没有压力，根本不知道为什么要"快点"**。于是，为了解决这个问题，我学习和研究大量相关内容，并费尽心思做了各种各样的尝试，想与大家分享我最终找到的"一试百灵"的好方法。

例如，当孩子吃饭吃到一半、停下不动的时候，我们可以把剩下的饭菜一点点地移到另一个小盘子里，在原来的盘子里最多留下一食指肚大小的饭菜，然后问孩子："这么一点

能吃掉吗？"孩子一看，会想着"只吃这么多就可以了吗"很快就会吃掉。看他吃掉后，我们可以继续问："哇，吃掉了！那这口呢？"这次在盘子里再放一小口的量。如果只对孩子说"快点吃"，他们会认为必须吃掉目光所及的所有饭菜，进而产生不耐烦或不情愿的情绪。但如果他们看见"只有这么点"，会觉得"这很容易"，一下子就肯吃了。这样来回几次，孩子会发现饭菜的量越来越少。他们不知不觉就会获得巨大的成就感，动力也越来越足。这种方法被称为"一小步"（Small Step），通过设定详细的小目标，让孩子干劲十足，逐步达成更大的目标。

在让孩子换衣服这件事上也是如此。不要让孩子觉得目标很庞大，做起来很困难，我们可以逐步细分目标，只要孩子完成一个小目标，就给予表扬，再完成一个小目标，再给予表扬。慢慢推进，孩子就能始终保持干劲，最终完成大目标。

孩子哭泣时家长假装搭话"那边好像很有趣",可以转移他们的注意力,但并不能从根本上解决哭泣问题。家长应该**勇于探询孩子哭泣的理由**,先认真询问孩子"为什么哭",然后说"这样啊,确实太让人伤心了",积极表示认同孩子的想法并表达对他的同情。如果这时不能认同他,孩子会因为"希望你们能明白我有多难过"而哭得更厉害。所以,想让孩子停止哭泣,**充分理解孩子此时此刻的心情并与他共情才是捷径**。

第1章
第2章
第3章
第4章
第5章
第6章
第7章
第8章
第9章
第10章

15 哪些是不良行为　　具体地告知孩子"该做什么"，而不是"这样做不对"

　　家长不要一味指责孩子有哪些不良行为，更重要的是要告诉他们哪些是**正确行为**，这样才有助于他们更快地改善。例如，孩子在房间里乱跑，家长应该告诉他们的**是"好好走路"，而不是"不要乱跑"**。因为通常孩子很难理解否定词，"不要乱跑"让他们在头脑中联想到的是"乱跑"，所以反而会跑得更快。请务必向孩子多传达正确行为。

　　家长的语言、表情和态度会有不一致的时候。当孩子说"我还想玩一会儿"时，家长**明明嘴上回应"好的"，但却皱起眉头；明明对孩子说"这样不行"，嘴角却又带着微笑**。久而久之，孩子会陷入一片混乱，容易变成一个"看脸色行事"的孩子。反之，如果家长能言行一致、表里如一，孩子规范自身行为的能力也会突飞猛进。所以，请试试吧！

很快办成
要求的事情

对家长而言很简单的事，也要尽量细化后更简单地交代给孩子

孩子听到一个要求时，很难像家长那样去归纳总结。比如这句"请把放在那里的餐巾纸拿过来"，听起来很简单，实际上信息量很大，孩子很难全部吸收。所以正确向孩子提出要求的顺序是：

"我有一个要求"——首先告诉孩子你有一个要求；

"你看见那儿有包餐巾纸吗"——明确目的；

"我希望你把它拿给我"——告诉孩子你想让他做什么。

如果按照这样的顺序嘱咐孩子，他们基本能清楚理解。尽量用孩子能立即应答的简短语言表达你的要求。

如果对于与孩子沟通交流一窍不通，家长可以先从"鹦鹉学舌"开始。

孩子说"做了 ×× 事"，家长可以学着说"**这样啊，你做了 ×× 事**"。

孩子说"在那边看到了 ××"，家长可以跟着说"**啊！在那边看到了 ×× 呀**"。

即使不特别展开讨论，只是知道你认真听了他说的话，孩子也会感到非常开心。等孩子习惯了这种沟通后，可以循循善诱，问一问相关的内容。比如"试着做 ×× 后，你感觉怎么样"或者聊聊"看过 ×× 后，你有什么感想"等话题。

下面向家长介绍一种简单易行的好办法，帮助家长在孩子放学后回家至晚上睡觉这段时间里，与孩子进行密集交流。这个方法是，早上预先向孩子提问"**今天想在幼儿园里做什么呀**"等问题。这样等他们从幼儿园回来后，只要直接问"早上你说想做××，做到了吗"。这可比单纯地问孩子"你今天做了什么"效果好得多，交流的内容会更丰富，话题也更容易拓展下去。

对于"不善于与孩子交谈"的家长，我想推荐一种特别简单的说话方式。那就是，在词尾加上"啊、呢、呀、啦、吧"等语气词。比如：

"你想做什么"——"你想做什么呢"；

"去……"——"去……吧"。

这样与孩子说话还有一个好处，就是孩子自己的说话方式也会变得更加温和友善。所以，家长如果对于与孩子的沟通表达感到困惑，请一定试试！

缓解孩子不安的呼叫技巧
—— 向孩子传达 "我正看着你呢"

尤其是当家里有弟弟妹妹出生，或者爸爸妈妈无暇顾及孩子的时候，孩子更容易产生不安感，会觉得"大家都没有注意过我"，因此故意捣乱，用各种恶作剧吸引家长的关注。这种情况下，家长在呼唤孩子时，应**同时说出他此刻的动作和他的名字**，比如**"正在做 ×× 的 ×× 小朋友"**，让孩子明确地感到被**"认真地关注"**，**受冷落的委屈感**也就会烟消云散。强烈推荐家长试试这种方法！

当爱有了附加条件时,孩子反而更容易有出格的行为。婴儿时期,无论小宝宝做什么,家长都觉得"好可爱""最喜欢你"。但当孩子长到两三岁的时候,一些父母开始给爱增添各种附加条件 ——"你只有做到这一点,才能是个好孩子"。其实只要在日常打招呼时充满喜爱之情,比如说**"我最喜欢的 ×× 小朋友,早上好呀"**,孩子就能充分感受到家长无条件的爱,就更会表现得比较乖巧。请一定要试试!

早上好

期望孩子
完成应做之事 **智能手机可助一臂之力**

有时家长仅靠语言表达，大呼小叫地说"快收拾玩具""快吃饭"往往效果不好。在这种情况下，**视觉上的刺激**反而更胜一筹。例如，平时用智能手机拍一些孩子认真吃饭的照片，当他不肯吃饭的时候，就一边展示照片一边说："这个 ×× 小朋友在认真吃饭呢！饭看起来很好吃。"

事情一旦在孩子大脑中具体成像，付诸行动就变得顺理成章。

所以，当家长因孩子不听话而感到不知所措的时候，请一定试试！

让孩子在镜子中
直接看见被宠爱着的自己

如果家长很忙碌，希望能在短时间内与孩子实现深度的"爱的交流"，我会推荐你们**活用家中的"大镜子"**，站在镜子前面与孩子相互拥抱，这样孩子可以**直接看到那个被宠爱着的自己**。这样做不仅在视觉上给孩子增添了极大享受，孩子的心理满足感也会递增好几倍。

第1章
第2章
第3章
第4章
第5章
第6章

第7章

第8章
第9章
第10章

25 想对孩子表达爱意， **对孩子来说，简单的一句**
却难以开口　　 **"爸爸也很喜欢这个玩具"就是爱的表现**

对孩子来说，如果家长能好好爱护他们喜欢的玩具，孩子同样也会好好地照顾自己。所以，一定不要乱扔孩子的玩具或将之"砰"地重重摔下。只需要轻轻地对孩子说 **"爸爸也很喜欢这个玩具呢"**，就足以表达满满的爱意。这个方法用时短、起效快，一定要试试！

　　也许很多人都会觉得这标题是陈词滥调，但这件事千真万确，因此无论如何我都想把这个想法传达给大家！

　　孩子坚持不懈的程度，在相当程度上取决于他们能从家长身上获得多少的爱。如果**孩子从家长那里得到了满满的爱，他们在外就会毫无保留地全力以赴**。因为心中有爱，所以即使在外面遭遇困难或挫折，孩子也能勇敢地面对并克服。孩子每天虽然在外面消耗了能量，但回到家又从爸爸妈妈身上得到了力量补给。如此周而复始，孩子才能日益茁壮成长。

第1章

第2章

第3章

第4章

第5章

第6章

第7章

第8章

第9章

第10章

　　家长经常对孩子说"这是我们的约定"，但有时所谓的"约定"并不能算是真的"约定"，只能算是家长单方面的"下命令"。虽然孩子尽力去达成，但经常达不成或干脆忘了约定。如果孩子一再因为无法达成约定而被大人训斥，他们会失去信心。所以，尽量选择**孩子"可以达成"的约定，如果孩子达成了，就表扬他们并反复让他们体会**这种过程。经年累月，他们必将健康成长，并变成一个能诚实守信的人。

让孩子愿意侧耳倾听的秘密武器

　　我经常听到家长抱怨"孩子根本不听我说的话"，家长说"请收拾干净"时，孩子虽然嘴上回答"嗯，知道了"，其实根本没有开始清理；家长说"到吃饭的时间了"孩子却聚精会神地看电视，理都不理家长。诸如此类的情况，常常让家长火冒三丈，并歇斯底里地责问"究竟要说几次才能听明白"。针对上述种种沟通不畅的情况，其实用一个简单的妙招就可以轻松解决。

　　其实孩子之所以不听话，主要是因为他们的大脑尚处于刚开始**发育听力和视力**的阶段，二者**很难同时发挥作用**。所以，**如果孩子把注意力集中在听力上，他的视觉就会进入休眠状态；如果把注意力集中在视觉上，他的听力就会进入休眠状态。**也就是说，孩子也知道家长在说话，可并不清楚家长到底在说些什么。所以，如果你想让孩子明白你讲的话的实际含义，应该尽力适度平衡二者，让孩子把注意力集中到听力上。

　　那究竟该怎么做呢？下面为大家介绍一种简单有效的方

法。在你准备和孩子说话前，先加入特效音乐，比如：**"叮咚叮咚（引起注意的拟声词）！妈妈现在要开始说话了。"** 在幼儿园也一样，如果直接说话，孩子多半不会集中注意力认真听老师说。但只要以特效声音或歌曲开头，效果立竿见影！这就像**一走进便利店时，就会听见的独特的进店特效声音**一样，十分吸引顾客的注意力。除此之外，**一些悬疑剧的主题曲也特别扣人心弦**。说话前先播放这些声音，孩子会立刻看过来。他们并不是觉得害怕，而是好奇"这是什么声音"。每当我想吸引孩子注意力，都从这三种声音里挑选一种开场，效果真的不凡！

另外，我还推荐改变说话语调的方法。家长可以不用平常的语调说话，而是改用特别低或特别高的语调，或者模仿米老鼠的声音对孩子说"吃饭的时间到"。孩子会觉得很惊奇："咦，什么声音？"注意力自然而然地被吸引。等他们的注意力转移到你身上后，再向他们传达你的要求，他们就很容易听明白了。只做这么简单的改变，沟通效果却大有改善。请一定要试试！

117

总是责备孩子

听我说

为如何
批评、表扬
孩子发愁时，
请试一下

为什么
做不到呢

从不表扬孩子

希望孩子干劲十足

表扬没效果

"批评"与"发火" 的不同之处　思考自己的表达能否"让孩子幸福成长"

很多家长不太知道"批评"与"发火"的区别。**"批评"是为孩子的成长着想，"发火"只是家长在宣泄情绪。**如果觉得这样说你仍然难以把握二者的尺度，有一个简单的判断方法：自己说的话**"能让孩子幸福成长"**，就是"批评"。不过，家长也是普通人，偶尔会发脾气也很正常，但是注意一定不要讲伤害孩子自尊心的话。

我觉得与孩子"保持肌肤接触"特别神奇，能戏剧化地改变家长批评孩子的方式。家长表扬孩子时，会很自然地抚摸他们，而批评孩子时双方在身体上却没有任何接触。语言和行动其实很容易联动。所以，如果我们在**批评孩子的同时抚摸他们的手或背部，说话时语气自然而然会变得很温和，不会大吼大叫。**毕竟，我们很难做到一边抚摸他人一边发脾气。

第1章
第2章
第3章
第4章
第5章
第6章
第7章
第8章
第9章
第10章

3 总是责骂孩子 远距离批评、近距离表扬

孩子犯错误时，家长经常会一下子跑到孩子身边开始责备他们。而当孩子做了值得表扬的事情时，家长却总是远远地看着孩子说"太棒了"，身体并不靠近孩子。我希望大家能彻底改变这个习惯。做到"**近距离表扬，远距离批评**"。近距离受到赞扬时，孩子会欣喜若狂；而远远地批评孩子时，孩子感受到的压力会减少，也更容易听进去。当你苦恼于自己"总是忍不住责骂孩子"时，请务必试一试！

正确感知自己的"心情天气"，可以帮助家长更好地与孩子相处，经常忍不住责骂孩子的父母可以试一下这个方法。心里"阴雨绵绵"时批评孩子，它容易骤然升级为"狂风暴雨"；心里布满"愁云惨雾"时，很难正确地引导孩子。相反，当心情处于"艳阳天"时，可以心平气和地说话，此时即使是批评孩子，也更容易被他接受，所以耐心等待自己的内心"雨过天晴"才是上策。通常，人的愤怒"最多持续 6 秒"，耐心等待 6 秒，让自己的"心情天气"雨转多云，多云转晴。

第1章
第2章
第3章
第4章
第5章
第6章
第7章
第8章
第9章
第10章

5 叫你
收拾干净

批评错误行为的同时与孩子共情：巧用"但是"和"可是"

提醒孩子注意的时候，家长只需继续加一句"但是"或"可是"，沟通就会变得易如反掌。具体如下。

"叫你收拾干净"之后加一句"**但是，妈妈知道你还想玩一会儿**"。

"那里不能爬"之后加一句"**可是，爬上去确实很有趣吧**"等等。

如果想让孩子听话，那么家长在批评孩子错误行为的同时也要与他共情，这点至关重要。

"坏孩子"是否定人格的禁用词，需要注意的只有错误行为

　　家长只能批评孩子的错误行为，而不能把"坏孩子"这类否定人格的标签贴在孩子身上。孩子做了不好的事情，针对"错误行为"提出批评是为他好，否定其"人格"对孩子毫无益处。同样是提醒孩子注意，说**"不能乱跑"和"真是个坏孩子"之间有天壤之别。**否定人格会伤害孩子的自尊，家长只能针对孩子的错误行为本身进行批评并加以纠正。

听我说　　孩子的理解能力有限，大人应该估量传达

孩子和家长接纳意见的程度不同。孩子的理解能力有限，因此他们经常会发脾气、不听大人说话。这时家长即使说再多话也无济于事，孩子只不过是"左耳朵进，右耳朵出"。所以，我们应该仔细观察孩子，**把握好讲道理的尺度和时机，**一点一点地把道理讲给孩子听，他们的吸收效果才会更好。这项工作只有家长才能做到。孩子的理解能力会慢慢提升，请耐心等待吧。

用比言语制止更容易让孩子接受的沟通方式

当我们火冒三丈，觉得"不训不行了"的时候，其实孩子往往也处在极度兴奋的状态中，听不进任何话。但通常最后都是家长大声训斥孩子"不要吵了，认真听着"。其实，这时我们应该先思考一下，"**孩子平时玩哪个游戏时比较平静**"，并诱导他们去玩那个游戏，这比大喊大叫更容易让孩子安静下来，家长想传达的想法也更容易被他们接受。在极度亢奋的状态下孩子一般听不进去任何话，所以，若孩子有了不好的行为，让家长火冒三丈，这时家长应该装作没看见，等孩子一边玩游戏一边平静下来后再对他们说这件事。

不许打人　　孩子没有恶意，定好规矩陪他一起玩吧

　　孩子有时会打大人，通常这时大人会生气地批评孩子，"不许打人"，其实孩子并**没有恶意**。大多数孩子打人是为了吸引大人的注意力，想让大人陪自己玩，或者觉得大人生气的反应很有趣。所以，当孩子动手打大人的时候，我们应该做的不是发火说"不许打人"，而是给孩子定好规矩，比如**"轻轻摸一下你的手"**，然后陪他一起玩耍，因为"希望大人陪我玩"的目的达到了，孩子会感到心满意足并按大人说的做。

家长责骂孩子时，倾向于以"为什么"开头进行质问，比如"为什么打人""为什么没准备"等。如果只是想了解事情的原委，根本不需要责骂孩子。当我们同时在"**询问理由**"和"**训斥**"时，经常是两件事都没做好，竹篮打水一场空。孩子为了**平息大人的怒火，会选择说谎或找理由推卸责任。**所以，弄清楚二者的区别后再与孩子沟通至关重要。

区别

询问理由　训斥

为什么
做不到

**不要全盘否定孩子，而要帮助孩子
一起寻找原因，"为什么刚才没做到"**

"为什么不能好好收拾呢"，当大人质问孩子时，孩子会
感觉"自己因为无能而被指责"，自然就失去了干劲，做得
不好的情况也不会得到任何改善。"为什么……"这类质问
性质的语气，会给孩子带来很大的压力。家长最好改用更温
和的语气，比如"什么原因造成的呢""**刚才收拾不好是什
么原因呢**"等。采用对过去问话的形式询问孩子，更容易
让孩子认真找出原因所在，从而加以改善。**不要全盘否定
孩子，而要帮助孩子一起寻找原因。**

为什么？

把责问式的"为什么做了××"换一种表达方式，批评方式也会随之改变

如果孩子不小心犯了错，家长经常会忍不住想要责怪他们。例如，孩子不小心把水弄翻了，家长通常会说"为什么把水弄翻了"；孩子没有收拾好玩具，家长通常会说"为什么还没收拾好呢"；等等。

可是，冷静地思考一下，孩子犯错时不论家长再怎么严厉地训斥"为什么弄成这样"，当时的状况也不会有任何好转，难道不是吗？

以我自己做幼儿园老师的经历为例，我过去也经常对孩子说"为什么要做这种事情""为什么没有完成"，但突然有一天，我意识到这样说并不会促使好的结果产生，所以决定换个表达方式。

那么，我是如何更换的呢？其实很简单，我只是把"为什么"换成了"是什么原因"。也就是说，我不再问孩子"为什么做了××"，而是问"**是什么原因造成的呢**"。仅此而已，可是孩子的反应却截然不同了。

例如，孩子的胳膊肘不小心碰倒杯子，水洒了一桌子。

这时如果家长训斥"为什么把水打翻了"，孩子会立刻感到自己被批评了，而训斥孩子的家长自己心里也会很生气，想着"他到底想干什么！太不像话了"。收拾东西也是如此，家长并没有想过认真倾听孩子为什么没有收拾好，只是一味地责怪"为什么不收拾""要好好收拾才行啊"等。也就是说，**因为表达方式和表达内容发生了严重偏差，所以无论对大人还是对孩子来说，事情都不会朝着好的方向发展。**

那么，如果我们换个问法，问"是什么原因造成的呢"，结果又会怎么样呢？

比如孩子碰倒了杯子，我们**主动问"水洒了呀，是什么原因造成的呢"**，而不是"为什么把水洒了"。这样孩子会认为大人问的不仅是自己，还包括自己所处的环境中到底"发生了什么事"，就会更容易说出问题的原因，比如"我的胳膊肘不小心碰倒了杯子"。如果孩子能这样讲述问题发生的原因，他们一定也能很自然地在心中想"我要小心，下次不要再碰倒杯子了"。

收拾东西也是同理。如果我们不是训斥孩子"为什么还不收拾"，而是好奇地问"咦？还没收拾好吗？是什么原因呢"。孩子就会觉得家长在担心自己，会轻而易举又**痛快地把困扰自己的真实原因和感受说出来。**比如，"有很多玩具，我不知道该从哪个开始收拾才好""还想再玩一会儿"等。如果孩子只是困扰于不会做，家长可以帮着解决；如果是因为还想玩，家长可以对他说"这样啊，你还想再玩一会儿啊。不过出门的时间已经到了"。这样就能做到在认真理解孩子真实感受的基础上，鼓励他们行动起来。

当我在幼儿园里对父母说起这个方法的时候，一位家长表示他在家实践过。

据这位家长介绍，当时他们准备带孩子去外面玩，可是孩子怎么也不肯穿鞋。这时，家长把一直以来习惯用的问法"为什么不穿鞋"换成了"咦，鞋子没穿啊，是什么原因造成的呢"。孩子果然很快答道："我想穿那双鞋。"家长恍然大悟，没想到孩子不肯穿鞋的原因这么简单！于是，问题很顺利地解决了。

从孩子的角度思考，如果家长让他穿那双他想穿的鞋，他立刻就能穿好，仅此而已。但很多时候，家长因为嫌麻烦，省略了这一步，只是一味地责怪孩子"为什么不穿鞋？快点穿上"，其实反而浪费了更多的时间和精力。

当然，家长也都是普通人，不可能每一次都能事无巨细地问孩子"是什么原因造成的呢"。所以家长也不用给自己太大的压力，只需要在时间充裕的时候这样问孩子就可以了。

不过话说回来，我觉得这个方法不仅适用于学龄前的孩子，在孩子长大后，家长也要有意识地用这种方式与孩子沟通。因为孩子上小学后，一下子会出现很多需要他们独立完成的事情。那时候，如果家长只是斥责他们"为什么不做"，孩子就会很难说出自己心中的困扰，家长也就很难发现孩子面临的问题。可是，如果我们养成习惯，经常出于关心孩子询问"是什么原因造成的呢"，孩子就会**很容易地向父母倾诉他们遇到的麻烦。**我觉得这个方法也有助于解决孩子在青春期出现的各种问题。

所以，想责怪孩子的时候，希望家长尽量多问孩子"是什么原因"，而不是一味地用"为什么"来责备。当然，也有用"为什么"的机会，那就是在"表扬"孩子的时候。

例如，孩子画画时，我们经常会称赞"画得真棒"。只是这么表扬孩子当然是可以的，不过我们也可以尝试追问一句"**会画画了！你为什么画得这么好**"。或者，当孩子拿着自己的手工作品跑过来对你说"看！这是我用折纸折的郁金香哦"时，你可以主动问他"啊，郁金香折得真好。为什么能折得这么好呢"。孩子一定会非常高兴地回应"哇"，然后兴奋不已、无比开心地告诉你他努力的过程，"我把大三角形的两个底角，沿着中心线向上对齐认真折好的"。这样的表扬方式，让孩子明白因为自己付出了努力，所以成功做到了，下次还想继续努力。

所以，批评时尽量不要说"为什么这么做"，而要换成"是什么原因造成的呢"。赞美时却相反，要具体地问孩子"为什么能做到"，我觉得这样的对话模式，会让他们干劲十足。请一定要试一下！

**只要让孩子觉得家长一直在
"关注着我呢"，他们就会心满意足**

即使我们知道，应该"更多、更具体地赞美孩子"，有时也很难做得尽善尽美，或者根本没有精力和时间表扬孩子。在这种情况下，**家长只要先对孩子表达"看到的事实"就可以了。**

比如，家长对孩子说"你正在玩积木呀""今天你拿着的东西看起来很重"等。孩子会因为家长"关注着我呢"而感到备受重视并感到欣喜。家长要循序渐进地在孩子努力的过程中不断地表扬他们。如果家长因为不知道该如何"表扬孩子"而烦恼，就先从表达"关注到孩子在做什么"开始吧！

如果家长每天都在训斥孩子，觉得孩子"根本找不到值得表扬的地方"，可以**尝试先从"理所当然"的事情开始表扬孩子**。例如，在孩子换衣服或收拾玩具的时候称赞他们"换衣服的速度越来越快了呢""收拾得越来越好了"等。这时，我相信你一定能看到一张快乐的笑脸。即使是对孩子理所应当就会做的事情给予认可，也会帮助孩子建立信心，更轻松自如地应对下一步。

换得越来越快了呢

嗯

"像妈妈一样""像爸爸一样"是对孩子的最高赞美

幼儿期的孩子最喜欢妈妈，所以要想鼓励孩子更积极地收拾、帮忙，最有效的方法是称赞他**"像妈妈一样"**。类似"你收拾玩具像妈妈一样好，可真是帮了妈妈大忙""好高兴你能帮忙呀"这样的话，虽然听起来平平无奇，但这个时期的孩子十分崇拜妈妈，一句简单的"像妈妈一样"就会意想不到地让孩子干劲十足。当然，**"像爸爸一样"**也能收获同样的效果。

像妈妈一样

　　给大家推荐一个简单却事半功倍的赞美孩子的好方

法——**赞美时提及更多人对孩子的认可**。例如，在家里

时，只需在孩子面前说"妈妈要告诉爸爸，你有好多优点"

或者"爸爸觉得你值得表扬"等，让孩子感觉自己得到了更

多人的认可，孩子自然会更开心。

真棒

赞美孩子的绘画作品或其他作品时，
一定要表达出"喜欢的具体内容"

当我们赞美孩子的绘画作品时，有一个特别简单的方法，比仅说"真棒"更让孩子高兴、有成就感、有动力。那就是，**表达出"这幅画中你最喜欢的地方"**。诸如"这里很漂亮""我喜欢这个形状""颜色调得真漂亮"等。具体地说出你喜欢的部分，孩子会更能增强信心，激发动力。

希望孩子
充满自信

充分强调孩子已经做到的事情，他们的自我肯定感会倍增

孩子只有在长到八九岁时，才能比较客观地评价自己。在那之前，家长的评价会极大程度地影响孩子对自己的评价。所以，如果家长持续输出负面评价，诸如"不会收拾东西"或"动作太慢"等，他们容易真的认为"自己确实不行"，然后做得更糟。相反，如果我们一直用正面的评价赞美孩子，类似"收拾得真好呀"，他们就能一步一步地靠近我们的期待。**正面的评价对孩子的成长至关重要！**

更打动孩子的表扬方式是赞美他们为人着想的"心意"，而不仅是"行动"本身

当孩子做了值得称赞的事情时，我们与其只表扬他们的"行动"，不如赞美他们的"心意"，这样做有利于激励孩子保持良好表现。例如，当孩子把玩具借给其他小朋友的时候，与其称赞他"能把玩具借给其他小朋友，真了不起"，不如说**"你能想到要把玩具借给其他小朋友呀！真善解人意"**。称赞孩子为他人着想，能促进他们在其他场合也有更好的表现。

"我太高兴了""你真是帮了大忙了"，
更能全面地表达家长的喜悦之情

家长赞美孩子时不仅要说"做到……真了不起"或"做……真是好孩子"，而且应该**表达出喜悦之情，比如说"做到……我太高兴了"或"帮我做……真是帮了大忙了"这样的表达更会让孩子感到高兴，也更会让孩子愿意继续努力。**比起不带感情色彩的就事论事，表达喜悦之情的话语更能让孩子强烈地感受到自己被认可了。

太高兴了！

中途就给予表扬，孩子会一鼓作气地完成

　　家长经常觉得，孩子必须百分百完成一件事才能被表扬。比如，东西要全部收拾完才算数，即使孩子努力完成了六成，家长通常也只会强调"还没收拾完""要全部收拾干净"。其实，家长应该**首先表扬已经完成的六成**，比如"变干净了""好努力呀"，**然后再为完成剩余的四成加油**，比如"剩下的一定能完成"。无论孩子做任何事，只要我们坚持按这样的方式鼓励他，他一定会顺利完成。

不要勉强表扬孩子办不到的事情，客观评价也是爱

家长有时会很头疼，因为孩子经常想挑战一些超出自身能力范围的事情，而且坚持自己一个人做，不愿意父母插手帮忙。这时为了"不让他们丧失信心"，可以先尝试让他们自己做，实在做不到的时候，也不要勉强地表扬他们"做得好"，而应该诚实并坚定地告诉孩子事实，比如**"太重了搬不动吧，长大后再帮我搬吧"**。这样，孩子会很容易地发现"我一个人还做不了这件事"。实事求是地对待孩子也能体现对孩子的爱。

太重了……

第1章
第2章
第3章
第4章
第5章
第6章
第7章
第8章
第9章
第10章

22 没有这么好

别人夸奖孩子时，家长应给予肯定，回答"确实如此"

孩子受到别人夸奖时，家长经常会不好意思地回道"哪里哪里""也没这么好"。其实，这种回答会打击孩子的自信心。这时家长应该毫不犹豫地给予肯定，回答**"确实如此""是很棒呀"**等。孩子听到家长的认可会很开心，备受鼓舞。

比说"真了不起呀""好孩子"更好的夸奖方法

经常听说应该让孩子"在赞美声中成长",我过去也经常思索如何赞美孩子才能让他们更高兴,从而更能激发孩子的动力。方法其实非常简单,实践后我真切地感受到,孩子的笑容越多,他们的干劲越足。所以,请一定要试一试。

夸奖孩子有两个要点。

第一个要点是,赞美孩子时**不一定非要说"好孩子"或"真了不起"**。

"好孩子""真了不起"听起来容易觉得只不过是些"恭维话"。

脑科学研究发现,孩子听到"做好这件事,我就给你买玩具"或"乖乖回家吧,我就给你买好吃的"这类话时的大脑状态,跟他们听到"好孩子""真了不起"时的大脑状态非常接近。

所以,"好孩子""真了不起"之类的话,容易让孩子误以为"这么做会被夸""不这么做不会被夸"而担心焦虑等,有可能会让孩子的做事动机朝着错误的方向发展。

那么，究竟应该怎么夸奖孩子呢？有一种夸奖方法，即使不说"好孩子"或"真了不起"，孩子也会很高兴，干劲十足。以孩子收拾玩具为例，我们只需要说：**"收拾好了呀。"**

是的，只要这么说就足够了。也许很多家长会觉得困惑，**但确实只需如此**。

孩子自己收拾好东西，比如把鞋子放好了，**此时我们只需陈述事实，孩子就会感受到"爸爸妈妈清楚地看到并知道我把鞋子摆放整齐了"并感到心满意足。**

孩子得到家长的当场关注和认可，这时即使我们不说"好孩子"或"真了不起"，效果也和说了一样，甚至更好。这个方法简单易行，家长只需要在孩子做某事时对他们表示认可，说"做到了呀"就足够了。希望家长一定尝试一下。

为了避免大家误解，我想补充一句，并不是夸奖孩子时不能用"好孩子"或"真了不起"这类表达。事实上，孩子听到别人夸自己"好孩子"或"真了不起"时也会很高兴，所以我并没有完全否定这样的表达方式。只不过，当孩子做了值得表扬的事情时，我更希望家长能试着说一句"做到了呀"，这时孩子的笑容会与他被夸奖是"好孩子"时一样灿烂，甚至笑得更开心。

　　接着说第二个要点是，**当我们夸奖孩子时，应该"夸奖其为他人着想"**。

　　刚才我提到，表扬孩子时，只需要肯定他们"做到了呀"，如果有需要补充的，那就是试着赞美孩子与人为善、常常为别人考虑的"心意"。

　　例如，当孩子愿意把玩具借给其他小朋友玩时，我们当然可以说"能把玩具借给其他小朋友玩，真是了不起"。可是，如果我们说**"把玩具借给其他小朋友玩，真善解人**

意"，孩子一定会加倍开心。

类似"真善解人意""其他小朋友一定会很高兴呢"或"妈妈也很高兴呢"这样的话，能够很好地**表达孩子和家长的感受**，让孩子轻而易举地体会到自己所做的事情能让他人获益，让周围人开心，孩子从中感受到的激励和幸福感也会进一步增强。所以，希望你们一定要试试这个方法。

第 **9** 章

好好看路

讨厌家长帮忙
擦鼻涕或口水

孩子的
身心发育

突然不高兴

哭闹着要吃点心，
其实……

为什么哭了

太黏人了

家长套上两副橡胶手套
才能体会到孩子手指的灵活度

有人说，小宝宝的手指灵活度，**就像大人套上两副橡胶手套时的手指灵活度**。所以，我们可以试着想象一下，自己在那种状态下是否能很快速地换衣服、穿鞋，精巧地折纸呢。这样家长也就能很好理解类似"熟练""快""干净"这些话，对孩子来说实际操作起来有多困难了。家长急躁的情绪只能导致恶性循环。因此，家长平时要有意识地确保留有充裕的准备时间，尽量温柔耐心地对待孩子。

当孩子不小心撞到人或撞翻物品的时候，家长常常忍不住对孩子说"好好看路"。其实很多时候，孩子并不是"没有看"，而是"看不见"。**孩子6岁左右时的视线范围基本是左右侧90度，上下方70度**（成人是左右侧150度，上下方120度）。孩子在确认交通安全时，需要大幅度转头"左看看，右看看"，这并不是在夸张，有些状况下孩子是真的看不见，特别是在危险的地方。为了给孩子做榜样，大人可以故意加大转头的幅度来确认周围情况，这样孩子将随之模仿。

　　建议给孩子打造一个"可藏身的秘密空间"。家长通常喜欢让孩子一直在自己的视线范围内活动，可**孩子 2 岁后，有时也需要有自己的独立的空间**。不一定需要一个全封闭的死角，有时候放一个矮架子就足够了。为孩子搭建专属的"秘密空间"，有助于他们更快地转换心情、平缓情绪。请一定试试吧！

孩子觉得"和平时一样"才会安心，也会让事情的进展更顺利

孩子对变化特别敏感。例如，孩子平时习惯一边散步，一边"看小汽车"，如果因为"今天很匆忙"，想节省时间不带孩子看小汽车，他们一定会大哭大闹表示抗议。家长可能认为"平时一直看，偶尔不看一次没什么大不了"，而对孩子来说，则是"平时一直看，今天也要看"。所以，如果保证他们和平时一样看小汽车，只是缩短看的时长，事情的进展会更顺利。

家长一看见孩子流鼻涕，或者吃完饭后嘴巴周围留了很多残渣，常常会一言不发地拿起餐巾纸，想给孩子擦掉。孩子忽然被擦时，往往会一脸不情愿或试图躲闪，这是因为家长从孩子的侧面或后面突然擦他们的鼻子或嘴巴，会让孩子**感到害怕**。所以，尝试擦前可以先开口告诉孩子这件事，这样他们可能就不会讨厌家长给自己擦鼻涕或擦嘴巴的举动了。

就像家长会有计划地做事一样，孩子也有自己的打算。不过，他们常常只是在心里想，嘴上并不说，比如，"想穿那件衣服""想在路上看看电车"等。所以，当孩子突然不高兴或哭起来的时候，我们可以问问孩子"**是不是有什么想做的事情呀**"。如果提前告诉孩子我们的计划，"现在开始咱们要做……"，他们就能按照计划采取相应行动，这一方法的效果立竿见影！

有时只需认可"真漂亮"，孩子自会心满意足

在商店购物时，家长看见孩子把喜欢的零食拿过来，往往会立刻考虑买还是不买。其实，孩子**常常只是想让家长共情自己的重大发现**，诸如"看起来很美味""包装盒很可爱"等。所以，这时我们不要斩钉截铁地拒绝孩子说"不买"，只需对零食给予充分认可，说"**好漂亮的糕点**"，孩子自会心满意足。

随着孩子的身心渐渐发育，特别是在两三岁时，孩子会产生强烈的"**不能输给爸爸妈妈**"的想法。例如，在便利店哭闹着"我要吃"，想买零食，好不容易家长同意买了，一出店门孩子却不想吃了。哭闹时孩子想要的并不是零食，而是不输给说"不买"的家长。孩子并非恶意胡闹，我们只需温和地回应"给我看看美味的零食"，认同他，问题就会迎刃而解。

大家可能都有请别人帮忙挠后背的经历，应该知道那种奇痒无比却因传达不到位而迟迟挠不到、心急火燎的感觉。这和孩子**非常想让我们知道他们在想什么，但因词汇量匮乏，无法正确表达感受时的状态很接近。此时，孩子心里憋着**委屈和难过，只能用哭泣宣泄。所以，我们应该**尽力帮助孩子用语言表达他们的感受**。反复进行这样的沟通，孩子渐渐就能学会用正确的语言表达感受。所以，看到孩子哭的时候不要着急，帮助他们总结出此刻的心情吧。

第9章

当孩子刚要撒娇耍赖，一边哭一边说"不要"时，家长总想做些什么事情分散他们的注意力，帮助他们转换心情。其实，对孩子来说，哭一会儿也是"练习自己转换心情"。所以，在时间和环境允许的情况下，**让孩子一直哭到心平气和，也是一种爱。**孩子一哭就去哄他开心当然也可以，但有时先观察一下再哄，也不失为一种育儿的好方法。

3 个月大的孩子通常不流眼泪，号哭只是想传达讯息

3 个月大的孩子泪腺尚未发育完全，所以"即使大哭却不流眼泪"。因此，我们不要以为孩子一定"在假哭"，而应该想想，他们这样**号哭，虽然没有流眼泪，但一定是在试图传递某种讯息**，通常到六个月大时，孩子就能"伤心落泪"了，是不是很厉害！

婴儿夜间哭泣有好几种原因，其中一种是"妈妈在孕期**白天运动较多，容易消耗血氧，造成身体负担加重。因此，初生婴儿习惯性地**维持在妈妈肚子里时的作息时间，**会频繁夜醒**"。明白这一点后，大家对婴儿夜间哭泣的印象可能会稍有改观。照料夜哭的婴儿十分辛苦，家长的身体状况其实和婴儿的一样重要。所以，不要太勉强自己。

（注：一般白天因身体所需，耗氧量会增加，血氧饱和度会低一点，夜间处于安静的状态时没有过多的耗氧量，血氧饱和度会高一点。）

孩子经常会带着玩具和图画书，没完没了地对爸爸妈妈说"陪我玩""给我读这本书"。明明已经陪他们玩了好久，他们仍然不满足，无休止地拿各种玩具和图画书提要求，比如"接下来一起玩这个游戏""再读这本书"。孩子这时想要的可能不是陪他一起玩，而是与家长亲密接触。其实这时，一个**拥抱就能解决所有问题**，把孩子抱在膝盖上逗着玩，效果也不错。

　　家长遇上孩子无休止地问"为什么？为什么"时，可以试试这个方法。例如，当被问到"为什么晚上会漆黑一片"，家长通常会很直接地告诉孩子变黑的原因，例如，"因为太阳公公睡着了"或"太阳公公与月亮奶奶轮流上班"。然而，**与孩子自身息息相关的答案**，比如"为了让你好好入睡"之类的回答，其实最能**让孩子满意**。传达事实固然重要，但有意识地提供与孩子自身相关的答案，才会更顺利地解决他们的疑问。

没有礼貌 **理解孩子不是因为讨厌而不打招呼，是因为有点难为情**

孩子经常告诉我，自己因为"打招呼感觉难为情"。问他们为什么，大多数的答案是"打招呼时感觉自己像大人一样"。孩子不是讨厌打招呼，只不过是因为一直看着大人们相互问候，打招呼时感觉自己像**大人一样一本正经，觉得难为情**，所以才会扭扭捏捏。小孩子多可爱，给他们时间，耐心地等他们长大吧！

对孩子说"如果别的小朋友像你一样欺负你，你会怎么想"没有效果

这里分享一种正确的处理问题的方法，**只有这样说才会真正触动孩子！**

有时孩子会动手打其他小朋友、抢他们手上的玩具 —— 这种情况下家长通常会说类似"如果其他小朋友像你一样欺负你，你会怎么想"或"你这样做，其他小朋友会不会很难过呢"等话，促使孩子体会对方的心情。但实际上，孩子**几乎无法理解这些话的含义**。因为，从大脑的功能性来说，将对方的感受投射到自己身上或觉察对方情绪的能力，属于一种比较高级的能力，孩子一般从四五岁时才开始慢慢发展这一能力，直到小学高年级或中学阶段才逐步完善。

所以，即使家长问学龄前的孩子"如果别人这样对待你，你会怎么想"，他们通常也不明白话的意思。即使有些孩子回答"他会不高兴"，通常也只不过是因为他们听过周围的大人说"小朋友肯定会不高兴"。

那么，这种情况究竟应该怎么处理呢？这时我们应该这样问孩子，"**如果别人这么对妈妈（爸爸），你会怎么想呢**"，这样问孩子，他们的触动会更大。这不是为了让孩子觉得，我这么做了"妈妈"会不高兴，而是为了让他们认识到，**如果别人这样对待自己最爱的妈妈，"我"一定会不高兴。** 即使是大人，如果自己所爱的人被别人欺负了，也一定会很难过，很生气吧。

这种"所爱的人被别人欺负，自己会不高兴"的情感，与"如果别人这样对待我，我会不高兴"的感觉最接近。所以在这种情况下，不是让孩子思考如果别人这样对他自己，他会怎么想或对方会怎么想，而是让孩子深切感受"如果别人这样对待妈妈（爸爸），自己会怎么想"。这种问话方式有助于孩子理解自己做错事给对方带来的伤害，最终将对方的感受正确地投射到自己身上，认真加以思考。

第 **10** 章

感觉尿液浑浊

无法做到
照搬育儿指导

讲给
爸爸妈妈
的话

育儿时
容易心情急躁

育儿好辛苦

总和别人家孩子
做比较

想得到
大家的理解

第一次育儿，孩子 0 岁，爸爸妈妈也 "0 岁"

　　婴幼儿体检时，我偶尔会听到爸爸妈妈咨询"**孩子的尿液不像尿不湿广告里那样清澈透明**"这个问题，这真不是笑话。初为父母时很多人总会忐忑不安，类似这样毫无头绪的事情数不胜数。孩子新生是 0 岁，爸爸妈妈从零开始为人父母，也是从"0 岁"起步，懵懂不安再正常不过，所以除了公共机构，希望周围的人都能不断给予父母大力支持。

　　没有绝对正确、适合所有孩子的育儿方法，无论是育儿书籍、网络知识、电视上播出的育儿知识，当然也包括我分享给大家的育儿经验，家长都不必生搬硬套，可以秉着将信将疑的态度，**在实践中感觉非常见效时，欢欣雀跃"做到了"即可**。这样不会给自己造成太大的压力，也让事情更容易朝着好的方向发展。因为所有的育儿方法归根结底都是基于一些成功的示例得出的。但最了解孩子的不是书本，也不是他人，而是孩子的父母。

　　妈妈因为分娩以及抚育孩子，与他人的交往会有些许减少，也会比之前更加辛苦。在这种情况下，感到易怒易躁是很正常的事。这时请**试着轻轻地拍拍自己的头，并对自己说，"我今天很尽力呀"**。催产素，别名"爱与幸福荷尔蒙"，通常在亲密接触时会大量分泌。因此，有时可以通过用手轻轻拍打自己，稍稍放松紧绷的心情，请试试看吧。

很多情况下，我们选择隐忍迁就，不停地对自己说"为了孩子"，有时不知不觉衍生出"因为孩子我才无法去做"的不良情绪。既然是为孩子的幸福考虑，那么最重要的是爸爸妈妈自己幸福，这样才能把爱传达给孩子。所以**有时也需要优先考虑自己**，这一点绝对不能忘。

顺势弥补孩子的不足之处

"虽然心里自知比较孩子的做法不妥，但还是忍不住去做"，有许多家长为此苦恼。其实比较并不一定是坏事，无意识地进行比较是人之常情。比较的好处之一是，**发现孩子身上存在不足之处后，可以顺势补足**。需要注意的是，绝对不能把比较的结果直白地告诉孩子，例如"××已经都会了，你怎么还不会"。既然发觉孩子不会，就顺手把孩子教会吧，家长自始至终都要支持孩子。

　　有时家长会向我咨询"下班回家时，孩子已经睡着了，没时间陪孩子一起玩，该怎么办"，对此，我建议可以在早上抽出一些时间陪他们。一起散步也好，一起读图画书也好。如果觉得时间不够，**就从简单的事情开始，比如一起换衣服，孩子对此也会感到很高兴。**请从早上多花 3 分钟陪孩子开始吧！

　　当妈妈们诉说育儿烦恼时，周围的人经常出谋划策——"这样试试怎么样"，其实妈妈们寻求的不过是共情，这才是沟通的关键。很多时候，妈妈们想要的并不是一个答案，而是共情和理解。在**大多数情况下，周围人上网搜索出的答案，妈妈们也已经查过。**所以，让我们先以共情的态度开始交流吧。

在一些家庭里，育儿的担子更多地落在妈妈一个人身上。那么，在漫长的一整天中，妈妈的说话对象几乎都只有孩子。可是，一定年龄范围内的孩子还不能做到与妈妈正常对话和交流。再加上白天无法与爸爸和周围人聊天，因此妈妈很容易感到沮丧。**所以，不管妈妈们说什么，我们都务必尽量好好倾听。**

没有不及格的父母！只要那天对孩子竭尽全力，那天就是"100 分的一天"

非常感谢大家购买这本书。

最后，我必须告诉大家一件事。

那就是，天下没有父母不关爱自己的孩子，绝对没有缺乏爱心的父母！

我为什么想强调这一点呢，因为有时候孩子由于咬伤或抓伤其他小朋友而被指责为"问题儿童"。在这种情况下，有些人会说，"这是因为家庭缺乏爱"；或者有些人在阅读育儿书时会突然想到，"小时候我是不是也缺失了来自父母的爱呢"，并为此感到烦恼。

可是，我想强烈地反驳："这绝对不可能。"

每位父母都很努力地养育孩子，难道不是吗？

很多父母不仅要兼顾工作和家庭，还要考虑方方面面的事情。他们常常把自己的愿望搁置一旁，用更多的时间和精力养育孩子。

在这种状况下，如果还被指责"不够爱孩子"，那么究竟怎么做才会让大家满意呢？难道父母就应该"放弃自己的梦想，一直守着孩子"吗？这样才算爱孩子吗？

那些根本不知道你每天怀着何种心情生活、养育孩子的人，就算指责你"不够爱孩子"，你也完全不必放在心上。

父母本来也不过是普通人而已。

父母每天都会被各种各样的因素影响，比如情绪波动太大、身体状况欠佳、工作进展不顺、今天运气不好等，即便如此，大家依然踏实努力地生活着。在这种情况下，就算一时没能控制好情绪，责骂了孩子，也是人之常情。可是，有些父母对此会非常自责，认为自己"今天的表现只配得到 20分""控制不了情绪，责骂孩子，真是糟糕透顶的父母"等，但责骂孩子也不代表只能得到 20 分，你有资格获得"那天的 100 分"。

就像上文提到的，父母有很多事情要考虑，每天会有一些必须全力以赴去做的事情。那仅能给孩子的 20 分，已经是当天父母所能付出的 100 分努力了。所以，不能单纯地说只得 20 分，**因为当天父母也拼命努力过**，这样的 20 分完全可以说是**那天的 100 分**。

我几乎每天都能在社交平台的留言区看到家长们说"我对儿子的关注度不够，导致他出现了一系列的问题行为""T老师，我家宝宝已经上大班 / 成为小学生，我从现在开始才想多花点时间和精力关注他，是不是已经来不及了"等。我想强调的是，大家真的无须对此类问题忧心忡忡。

如果你阅读本书、观看我的育儿视频、浏览我写的文章，并试图了解、学习与思考"如果这样做，我的孩子会很高兴吧"或"这样说会比较好吧"等问题，你对孩子的关心和爱怎么会缺失呢？

大家已经是很棒的母亲、很棒的父亲了。

所以，不要再去在意那些所谓的"不称职的父母""对孩子关注不够"之类的评价，我衷心希望大家能最大限度地表扬自己"不仅照顾家庭，还兼顾其他很多的事情，同时又养育了孩子，真是很棒的父母呢"，挺起胸膛，堂堂正正、自信满满地和孩子在欢声笑语中度过每一天。拥有这样的父母，我想孩子也一定会很开心、很自豪的！

　　这就是我想在书里告诉大家的最后一件事。

　　非常感谢大家。